Ferrette

VOULEZ-VOUS RIRE ?

ÉDITIONS CHARLES CORLET
COLLECTION JEUNESSE

Chapitre
1

Mots d'enfants

Jeannot tombe en jouant. Il pleure à chaudes larmes.

– C'est pas la peine de pleurer, lui dit son frère, tu vois bien que personne ne nous regarde.

***

On essaye à Bibiche une petite robe sans manches.

– Mais, maman, s'écrie-t-elle, je vais m'enrhumer les bras !

***

Pierrot va, avec sa sœur, voir un match de football. C'est la première fois que la petite fille assiste à un tel jeu.

– Pourquoi, demande-t-elle, se disputent-ils tous le même ballon. Ils ne sont pas assez riches pour en acheter d'autres ?

***

Le papa. – Mon petit garçon, pourquoi écris-tu si mal ?

Le petit garçon. – Tu comprends, papa, comme cela le maître aura du mal à lire mes fautes.

***

Toto, en visite avec sa maman chez une dame, s'ennuie affreusement.

– On s'en va ? Dit-il, au bout d'un moment.

– Veux-tu être poli ! Lui répond sa maman.

– S'il te plaît, maman, on s'en va ?

***

Bibiche. – Lequel de tes deux frères aimes-tu le plus, Paul ou Éric ?

Martine. – J'aime mieux Éric, c'est lui le plus gentil.

Bibiche. – Ah ! Et pourquoi ?

Martine. – Je n'aime pas Paul parce qu'il me bat tout le temps, tandis que Éric, c'est moi qui le bat.

***

– Oh ! Le beau petit garçon ! Quel âge as-tu, mon lapin ?

– Ça dépend, madame. Quand je suis avec papa, j'ai huit ans, mais quand je suis avec maman, j'en ai seulement six.

***

Lili à sa maman :

– Maman ! Tu sais, j'ai vu l'endroit où l'on fabrique les chevaux.

– En es-tu bien sûre, ma fille ?

– Absolument sûre. Le monsieur qui les fabrique venait justement d'en finir un ; Il n'avait plus que les fers à poser.

***

La mère à sa petite Nicole qui vient de renverser sa soupe :

– Voyons ! Tu ne pouvais pas faire attention. Tu ne fais que des bêtises !

– Mais maman, c'est drôle : quand un enfant renverse quelque chose, il fait toujours des bêtises et quand c'est une grande personne, c'est un accident.

***

– Maman, je voudrais une autre poupée.

– Non ma fille, tu n'en auras pas. Celle que tu as eue à Noël, n'est pas encore abîmée.

– Mais maman, moi n'on plus, je ne suis pas abîmée et pourtant tu as eu un autre bébé !

***

Paul. – Sais-tu, André, que mon père a toujours été le premier en classe ?

André. – Le mien aussi. Tu sais bien que tous les papas étaient premiers à l'école.

***

Le père. – Tu sais, mon fils, dans la vie il faut toujours chercher à s'élever au-dessus de la masse.

Le fils. – Très bien papa, alors je veux être aviateur.

***

Toto. – Dis, maman, les lions, vont-ils au ciel ?

Maman. – Mais non ! Un lion ne va pas au ciel.

Toto. – Mais, Monsieur le Curé, lui, il va au ciel ?

Maman. – Bien sûr.

Toto. – Et si un lion mangeait Monsieur le Curé, est-ce qu'il irait alors au ciel ?

***

– Alors, mon petit Jeannot, tu es content d'avoir un petit frère ?

– Oh, non ! J'aurais préféré une petite sœur.

– Mais vous n'avez qu'à l'échanger contre une petite sœur.

– Oh ! On n'acceptera jamais ; nous l'avons déjà depuis huit jours.

***

Maman. – Dis-moi, Paul, où est passé le morceau de gâteau qui restait encore ?

Paul. – Je l'ai donné à un petit garçon.

Maman. – Mais c'est très bien, mon petit lapin, d'avoir bon cœur. Et quel était ce petit garçon ?

Paul. – C'est moi, maman.

***

– Alors, Paul, pourquoi pleures-tu ?

– Hi ! Hi ! Mon frère jumeau m'a battu, et alors, mon copain Jean a voulu me venger.

– Mais il t'aime bien, ton copain Jean.

– Oui, mais il nous a confondus et c'est encore moi qui a pris.

***

Deux petits garçons arrivent chez le médecin.

– Alors, que veux-tu, mon petit bonhomme ? Dit le médecin au premier.

– Monsieur, j'ai... j'ai avalé une bille.

– Ah ! Et ton camarade, que lui est-il arrivé ?

– Oh ! Rien ! Il attend seulement, parce que la bille est à lui.

Le petit garçon au boucher.

– Je voudrais pour 100 francs de viande et 900 francs de monnaie, maman vous apportera le billet de mille le premier du mois.

***

Grand-mère qui s'est acheté un pantalon de ski pour l'hiver.

– Qu'en dis-tu, ma petite Lisette ?

Hein ! Je ne ressemble plus à une vieille femme.

– Oh ! Non ! Mémé ; Maintenant tu ressembles à un vieux bonhomme.

***

Pierrot, en écrivant à son parrain, a fait une grosse tache.

– Tu vas recommencer ta lettre, lui dit sa maman.

Pierrot, pas très courageux, répond :

– Mais maman, une fois qu'elle sera dans l'enveloppe, on ne verra plus rien du tout.

***

Bibiche, sans arrêt, pose des questions à sa maman. Celle-ci, énervée à la fin, lui dit :

– Tais-toi donc ; tu me mets les nerfs à fleur de peau…

Bibiche, en haussant les épaules :

– On ne dit pas « fleur de peau », mais « pot de fleur ».

***

– Maman, pourquoi tes cheveux sont tout gris ?

– Ne sais-tu pas que c'est la désobéissance des enfants qui fait blanchir les cheveux des parents ?

– Ah ! Et pourquoi grand-mère a-t-elle encore les cheveux tout blancs ?

***

Toto écoute bavarder les invitées de sa maman. Une fois toutes parties, il dit :

– Dis, maman, pourquoi la grosse dame ne sait pas bien parler ?

– Mon chéri, elle parle difficilement parce qu'elle n'est pas française.

– Ah ! Alors ma petite sœur, elle aussi n'est pas française ?

***

Lulu a été très méchant. Sa maman veut le corriger, mais le vilain petit garçon se réfugie sous le lit. Au même moment, le papa rentre à la maison.

– Tu vas voir comment il aura sa correction, dit le père en se baissant pour aller chercher son fils.

– Viens vite, papa ! Dit alors Lulu. Elle t'en veut aussi, à toi.

***

Paul à son petit copain Jacques :

– Dis, Jacques, tu viens jouer aux billes ?

– Non, j'peus pas ; je dois rentrer à la maison pour aider papa à faire mes devoirs.

***

Maman. – Pourquoi pleures-tu ? Mon chéri.

– C'est... c'est le maître qui m'a puni.

– Et pour quelle raison as-tu été puni ?

– Parce que j'ai répondu à sa question.

– Oui, mais tu as mal répondu.

– Oh, non ! J'ai bien répondu.

– Et qu'est-ce qu'il t'a demandé ?

– Hi ! Hi ! Il m'a demandé si c'était moi qui avait mis une souris dans son bureau.

***

Jojo à son oncle venu en visite :

– C'est drôle, tonton, tu n'as pourtant pas l'air méchant.

– Pourquoi me dis-tu cela, mon petit bonhomme ?

– Ben ! Parce que papa dit toujours que tu ne viens ici que pour le taper.

***

– Alors, mon petit bonhomme, ça marche bien à l'école ?

– Oh, oui ! Monsieur, ça va très bien ; Même que le maître m'a dit que si je continue encore longtemps comme cela, je serai un jour le doyen de ma classe.

***

Paul, le fils du chauffeur du député, rencontre ce dernier sans le saluer.

Le député. – Alors, mon petit bonhomme, tu ne me reconnais pas ?

Paul. – Oh si ! Tu es le monsieur qui a toujours le droit de monter dans la voiture de papa.

***

– Dis mon oncle ! Nous allons jouer aux animaux sauvages et toi, tu seras l'ours.

Ah ! Et pourquoi mon petit, c'est moi qui sera l'ours ?

– Ben ! Parce que tu sais bien grogner.

– Comment le sais-tu ? Tu m'as déjà entendu ?

– Non, mais c'est papa qui a dit hier que tu grognais sans arrêt.

***

Un petit garçon arrive, tout essoufflé, auprès d'un agent de police et lui dit :

– Monsieur l'Agent, venez vite, mon papa se bat depuis un quart d'heure avec un gros monsieur.

– Depuis un quart d'heure ! Et tu viens seulement me chercher ?

– Ben oui ! Avant, c'était papa qui avait le dessus !

***

– Dis grand-mère, as-tu de bonnes dents ?

– Hélas ! Non, mon enfant.

– Ah, bon ! Alors, tu veux bien garder mes noisettes ?

***

Il faut savoir viser

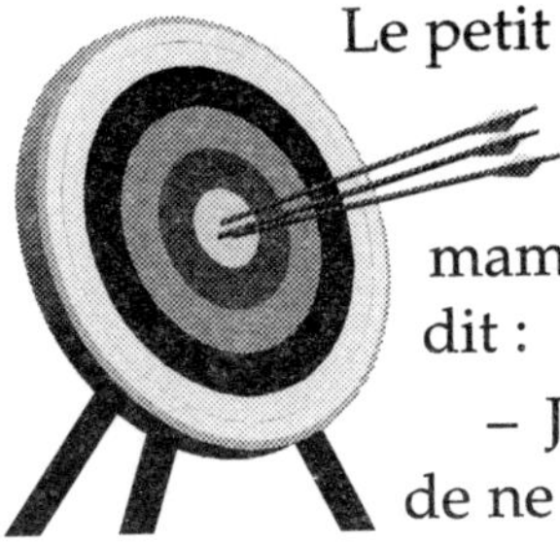

Le petit Lulu ouvre la porte de leur jardin et lance une pierre à un de ses camarades. Sa maman l'a vu et furieuse, lui dit :

– Je t'avais pourtant bien dit de ne pas lancer de pierres.

– Mais maman, c'est lui qui a commencé.

– Ca ne fait rien ; tu n'avais qu'à m'appeler.

– Et tu crois que toi, tu l'aurais mieux visé que moi ?

Les oreillons

Le petit Lulu est furieux. Il a les oreillons. Sa maman cherche à le consoler en lui disant :

– Ce n'est pas grave. Tes deux autres frères les ont eus également.

– Oui ! Mais pas pendant les vacances.

Un enterrement

Bibiche regarde un livre d'images pendant que son petit frère chante et fait du bruit à côté d'elle. Elle tombe sur une image représentant les obsèques d'un héros. Alors elle dit gravement à son petit frère :

– Ne chante pas, y a un enterrement qui passe.

Une maladie

Le petit Pierrot pleure sans arrêt. Sa petite sœur inquiète va trouver sa maman et lui dit :

Dis, maman, Pierrot pleure encore ; je crois qu'il a une pleurésie.

Gentillesse

Une petite fille à sa maman :

– Dis, maman, c'est vrai que je suis née à minuit ?

– Mais oui, ma chérie...

– Oh ! maman, j'espère au moins que je ne t'ai pas réveillée...

Un petit malin

Un gamin court à toutes jambes dans la rue. Il bouscule un monsieur qui lui dit :

– Tu es bien pressé, mon petit garçon. Où vas-tu si vite ?

– Je rentre vite à la maison pour que maman me donne une fessée.

– Et tu as tellement hâte de l'avoir, ta fessée ?

– C'est que papa va bientôt rentrer, et lui, il tape beaucoup plus fort.

À LA DOUANE

Un douanier fouille les bagages d'une dame accompagnée de son petit garçon. Lorsque le douanier soulève une nouvelle robe, le petit garçon dit en riant :

– Ça y est, maman, il brûle...

UN PRÉVOYANT

Toto, au moment de sortir avec sa maman :

– Dis, maman, tu as pris des bonbons pour quand je pleurerai ?

Le zèbre

Maman est allée au zoo avec son petit garçon. Ils s'arrêtent devant une grille et regardent un magnifique zèbre.

Le petit garçon fort étonné dit alors à sa maman :

– Maman, tu vois le petit cheval, il vient seulement de se lever.

– Ah ! Pourquoi ?

– Mais tu vois bien, il est encore en pyjama.

Enfant terrible

Un petit garçon, avant de rentrer chez lui, rencontre un ami de la famille :

– Monsieur, lui demande-t-il, c'est vrai que tu es coiffeur ?

– Mais non, mon petit, pourquoi ?

– Ah ! Parce que maman a dit ce matin que tu viendras nous raser ce soir.

Chapitre

2

À l'école

LES FRACTIONS

Pour bien apprendre les fractions à ses élèves, une maîtresse coupe une pomme de terre en deux :

– Élève Dupond, qu'est-ce que je viens de faire ?

– Des moitiés, madame.

Elle coupe ensuite ces moitiés également en deux :

– Élève Durand, et ces nouvelles parts s'appellent des... ?

– Des quarts, madame.

La maîtresse, voyant que ses élèves comprenaient bien, coupe également en deux les quarts et dit :

– Élève Dupuis, et maintenant je viens de faire des... ?

– Des frites, madame.

COMPOSITION DE LEÇON DE CHOSES

Les élèves d'une classe ont reçu comme sujet : « Que savez-vous sur le sucre ? »

Voici ce que l'on pouvait lire sur la feuille de Lulu :

« Le sucre est blanc. Il donne mauvais goût au café quand on oublie d'en mettre. »

GÉOGRAPHIE

Le professeur. – Élève Dubois, dites-moi ce que vous savez sur le Jura ?

L'élève. – Le Jura... Jura...

Le professeur. – Allons ! Le Jura... ça ne vous rappelle rien ?

L'élève. – Ah ! Si, monsieur. « Jura, mais un peu tard, qu'on ne l'y prendrait plus. »

VOCABULAIRE

Le professeur. – Quand une personne parle toute seule, on appelle ça un... ?

L'élève. – Un monologue, monsieur.

Le professeur. – Très bien ! Et quand deux personnes conversent ensemble, c'est un... ?

L'élève. – Un dialogue, monsieur.

Le professeur. – Parfait ! Et comment appelle-t-on la conversation entre quatre personnes ?

L'élève. – Un catalogue, monsieur.

C'est facile

Un instituteur pose à ses élèves le problème suivant :

– « Une mère a acheté six pommes et elle veut les partager, à parts égales, entre ses sept enfants. » Comment fait-elle ?

Tous les élèves restent muets, quand enfin Jean-Pierre, le cancre de la classe lève le doigt et dit :

– Oh ! Monsieur c'est très facile.

– Ah ! Voyons voir, quelle est ta réponse ?

– La maman prend les pommes et fait une compote.

Certainement que non

L'élève. – Dites, monsieur, est-ce qu'on punit quelqu'un pour ce qu'il n'a pas fait ?

Le professeur. – Certainement que non !

L'élève. – Ah bon ! Parce que voilà, je n'ai pas fait mon devoir de calcul.

UN BON MÉTIER

Un père de famille, venant voir le professeur de son fils, lui dit :

– Que conseillez-vous de faire de mon fils, plus tard ?

Le professeur. – Un aviateur, il a d'excellentes dispositions pour ce métier-là.

Le père. – Ah ! Vraiment ?

Le professeur. – Certainement, monsieur, parce que votre fils est toujours dans les nuages.

LA TERRE EST RONDE

Le professeur. – On dit que la terre est ronde. Élève Dupond, donnez-m'en trois preuves.

L'élève. – C'est écrit dans la géographie, ensuite c'est vous qui nous l'avez dit et enfin, mon papa le dit aussi.

PREMIER EN ORTHOGRAPHE

Paul en revenant de l'école :

– Papa, je suis premier en orthographe, alors

tu me l'achètes la bicyclette que tu m'as promise ?

– Oui, mais à condition que tu m'écrives correctement le mot bicyclette.

– Humm... Tu sais, papa, le crois que j'aimerais mieux que tu m'achètes un vélo.

Composition de Français

L'élève Dupuis rend sa composition française.

– Comment ! lui dit le professeur, mais tu n'as rien fait, ta page est complètement vide.

– Mais naturellement, lui répond l'élève, puisque vous nous avez donné comme sujet « Quels sont les résultats de la paresse ? »

Au réveil

Au catéchisme, le curé interroge les enfants :

– Voyons, toi mon petit Jean, dis-moi ce que fait un bon chrétien, le matin à son réveil ?

– Euh ! il... Je...

– Naturellement, tu ne le savais pas. Tiens, ton ami Paul va te le dire, puisqu'il lève la main. Allez Paul,

dites-nous ce que fait un bon chrétien le matin à son réveil ?

– Il le remonte, Monsieur le Curé.

L'ADDITION

– M'sieur, j'ai vérifié mon addition dix fois.

– À la bonne heure ! Et quelle est la réponse ?

– J'en ai trouvé dix, les voici...

AH, MAIS...

Paul. – Tu sais, si le principal ne revient pas sur sa parole, et bien, je quitte le collège.

Michel. – Qu'est-ce qu'il t'a dit ?

Paul. – Il m'a dit qu'il ne voulait plus me revoir au collège.

UNE DÉFINITION

Le professeur. – Qu'est-ce que c'est que le lit d'une rivière ?

L'élève. – C'est l'endroit où les poissons dorment.

C'est excellent

La maîtresse. – Louise, qu'avez-vous mangé au déjeuner ?

Louise. – Des céréales.

La maîtresse. – Très bien, c'est un aliment excellent ! Dites à vos camarades ce que les céréales contiennent de très important.

Louise. – Un petit cadeau dans chaque boîte, mademoiselle.

Un fort en calcul

L'inspecteur. – Voyons, élève Petit-jean, combien as-tu de doigts aux mains et d'orteils aux pieds ?

L'élève. – (Après avoir lentement compté ses doigts). J'ai dix doigts aux mains, mais je ne sais pas combien j'ai d'orteils, je ne sais pas encore enlever mes chaussures tout seul pour les compter.

Un synonyme

– Élève Cancrelat, qu'est-ce qu'un synonyme ?

– Un synonyme, c'est un mot qu'on met à la place d'un autre lorsqu'on ne sait pas comment s'écrit celui-ci.

Ayez de l'ordre

– Te voilà, encore une fois en retard, ce soir ! Naturellement tu as été puni une nouvelle fois.

– Oui, maman.

– Et pourquoi ?

– Parce que j'ai pas su trouver les Baléares.

– C'est bien fait, tu vois, tu ne sais jamais où tu ranges tes affaires.

À Marseille

Dans une école de Marseille, l'inspecteur demande à un élève :

– Toi, mon petit lapin, dis-moi combien fait cinq et cinq.

Le petit garçon hésite un moment, puis répond avec assurance :

– Cinq et cinq font neuf !

– Peuchère ! Reprends alors l'inspecteur. Toi, tu es fort, tu peux dire que tu l'as frôlé de près.

À l'examen

L'examinateur, interrogeant un élève :

– Voyons, dites-moi ce que représente la formule SO4H2.

– Heu... c'est drôle, je l'ai au bout de la langue.

– Comment ! Mais alors, malheureux, crachez-le vite, car c'est de l'acide sulfurique.

Une définition

L'instituteur. – Élève Dupuis, pouvez-vous me donner la définition du mot « député » ?

L'élève. – Un député est un homme qui fait des discours.

L'instituteur. – Ce n'est pas tout à fait juste. Moi aussi je fais des discours et je ne suis pas député.

L'élève. – Oui, mais je voulais dire : « qui fait des discours qui ont un sens. »

La preuve

L'instituteur, pour montrer les dangers de l'alcoolisme à ses élèves, trempe un ver dans de l'alcool. Le ver se tord et meurt aussitôt.

L'instituteur. – Vous avez vu, mes enfants. Pourriez-vous tirer une conclusion de cette expérience ?

Au bout d'un moment, René lève le doigt et dit :

– Ça prouve, monsieur, qu'en buvant de l'alcool on n'a jamais de vers.

ET POUR CAUSE

L'instituteur. – Élève Dupond, avec des notes pareilles, je suis certain que votre père vous donnera une bonne fessée.

Dupond. – Oh non ! Monsieur, il n'y a pas de danger.

L'instituteur. – Il est tellement gentil, votre père ?

Dupond. – Oh ! Pas du tout, mais il a des rhumatismes.

LAMARTINE

Le maître à un élève :

– Dites-moi ce que vous savez sur Lamartine.

– La Martine est la fille de notre concierge. Elle me bat tout le temps.

Secret professionnel

Le maître au fils du charcutier :

– Dis-moi, connais-tu un animal qui mange des glands ?

– Non, monsieur…

– Allons, c'est pourtant pas difficile. Tiens, je vais t'aider et te mettre sur la voie. Avec quoi ton père fait-il des saucisses ?

Ah ! ça, monsieur, je n'ai pas le droit de le dire.

Je sais compter

L'institutrice. – Voyons, mon petit Pierrot, sais-tu déjà compter ?

L'enfant. – Oh, oui, madame, je sais compter comme papa.

L'institutrice. – Mais c'est parfait, montre-le-nous.

L'enfant. – Un, deux, trois, quatre, cinq, six, sept, huit, neuf, dix, valet, dame, roi, as.

Leçon de choses

L'instituteur :

– Voyons, élève Dubois, d'où vient la laine ?

– Elle pousse sur le dos des moutons.

– Et que fait-on avec cette laine ?

– J'sais pas, m'sieur.

– Et ça, continue alors le maître, en touchant la culotte de l'enfant, avec quoi est-ce fait ?

– Avec un vieux pantalon à papa, m'sieur.

Le chemin le plus court

Le maître. – Quel est le plus court chemin d'un point à un autre ?

L'élève. – Le chemin de fer.

Le brave inspecteur

Devant l'inspecteur, l'institutrice interroge ses élèves ; s'adressant au petit Louis, elle dit :

– Six ôté de sept, combien reste-t-il ?

Le petit Louis ne sais pas répondre et a déjà envie de pleurer. L'inspecteur, bon père de famille, a pitié de lui et derrière le dos de l'institutrice lève un doigt pour le mettre sur la voie.

– Voyons, Louis, insiste l'institutrice, c'est pourtant facile. Si tu as sept bonbons et que tu en manges six, combien t'en reste-t-il ?

Louis ne répond toujours pas, bien que l'inspecteur lève toujours son doigt.

Une petite fille se lève alors et dit :

– Mademoiselle, le monsieur a envie d'aller faire pipi.

Le jour de la composition

L'instituteur. – Quel est l'animal qui s'attache le plus à l'homme ?

L'élève. – C'est la sangsue, monsieur.

L'instituteur. – Zéro ! Et quel est l'animal qui a souvent bon caractère ?

L'élève. – C'est le chien, monsieur.

L'instituteur. – Très bien ! Enfin une bonne réponse. Et comment vous en êtes-vous aperçu ?

L'élève. – C'est que le chien ne se met jamais en colère quand on lui fait une niche.

L'instituteur. – Autre chose. Combien de

temps, à peu près, peut-on conserver fraîche la viande de porc ?

L'élève. – Aussi longtemps qu'on ne tue pas le cochon.

L'instituteur. – Enfin pour finir, dites-moi ce qu'est un cercle ?

L'élève. – C'est un endroit où papa va tous les soirs pour perdre son argent.

À L'EXAMEN

L'examinateur. – Que savez-vous du bœuf ?

Le candidat. – Le bœuf est le grand méconnu. Comme tous les génies, il n'est « à la mode » qu'après sa mort.

L'examinateur. – Parlez-nous maintenant de son petit : le veau.

Le candidat. – Le veau de la campagne est toujours triste, car on dit : « pleurer comme un veau », mais le veau de ville (vaudeville) est gai, car il nous fait rire.

L'examinateur. – Dans quelle famille mettez-vous le morse ?

Le candidat. – Dans la famille des animaux savants, car c'est lui qui a inventé un appareil qui porte son nom.

L'examinateur. – Passons ! Ça vaut mieux ! Et l'homme, de quelle famille fait-il partie ?

Le candidat. – Des ruminants, parce qu'il est sujet aux rhumes.

L'examinateur. – La dentition de l'homme comprend les dents de lait, les incisives, les canines et les molaires ; vous devez le savoir. Dites-moi quelles sont celles qui viennent en dernier .

Le candidat. – Les fausses dents.

L'examinateur. – Comment s'appellent la femelle du cheval, du mulet, du coq et du bouc ?

Le candidat. – La chevalière, l'amulette, la coquette et la bouquetière.

L'examinateur. – Arrêtons-nous là, et voyons si vous êtes plus fort en botanique. Certaines plantes sont nécessaires à la vie de l'homme ; en connaissez-vous au moins une ?

Le candidat. – Oui, monsieur, la plante des pieds.

L'examinateur. – Que fait-on avec le blé dur ?

Le candidat. – Le pain rassis.

L'examinateur. – Continuons ! Qu'est-ce qu'une forêt vierge ?

Le candidat. – Une forêt vierge, c'est une forêt où la main de l'homme n'a jamais mis les pieds.

L'examinateur. – Pour finir, essayez de vous rattraper un peu en histoire. Connaissez-vous le roi David ?

Le candidat. – Oui, monsieur, c'est le roi de pique.

L'examinateur. – Toujours aussi lamentable ! Mais dites-moi, à quelle époque vivait ce roi David ?

Le candidat. – À l'époque de la fronde.

L'examinateur. – Une question en géographie. Dans quel État vit le pays le plus pauvre de la terre ?

Le candidat. – C'est sans doute dans l'État de Gênes.

Chapitre 3

Naïveté

Quelle chance !

– Marie, vous venez encore de casser quelque chose ?

– Oui, madame, mais cette fois-ci j'ai eu de la chance.

– De la chance ? Et comment ça ?

– Ben, j'ai cassé les assiettes avant de les laver.

Le pauvre canari

– Madame, je vous rapporte votre canari pour avoir la récompense promise.

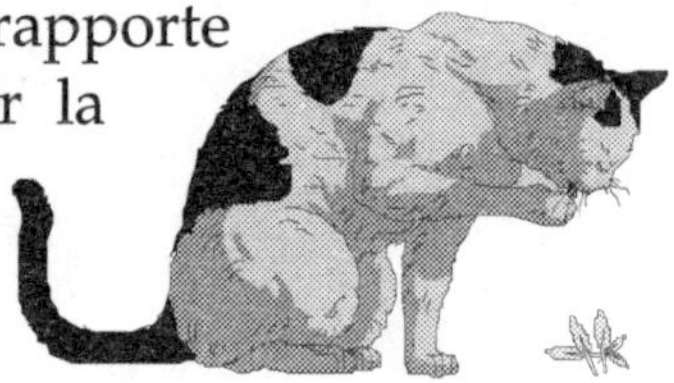

– Mon canari ! Mais c'est un chat que tu me rapportes !

– Bien sûr, madame, mais votre canari, il est dedans.

Ce n'est pas un oubli

Le curé. – Dis donc, mon petit garçon, tu ne salues plus ton curé quand tu le rencontres dans la rue ?

Le petit garçon. – Mais, monsieur le Curé, c'est vous qui nous l'avez défendu.

Le curé. – Qu'est-ce que tu racontes là ? C'est moi qui te l'ai défendu ?

Le petit garçon. – Mais oui ! Vous avez dit, dimanche dernier à la messe : « Hors de l'église, point de salut. »

DANS L'AUTOBUS

Le dernier autobus vient de s'arrêter. Il y a là un petit garçon tout seul qui pleure à chaudes larmes.

– Alors, mon petit bonhomme, tu te décides à monter ? Dit le receveur.

– J'voudrais bien, mais j'peus pas ! J'avais cent francs et j'les ai perdus, alors, alors…

– Ça ne fait rien, viens quand même, tu ne va tout de même pas coucher dans la rue, répond le receveur.

Le petit garçon monte dans l'autobus mais continue à pleurer.

Au bout d'un moment, le receveur lui dit :

– Alors, mon petit gars, il y a encore autre chose qui ne va pas ?

– Oh ! Oh ! Oui, monsieur... Vous ne m'avez pas rendu la monnaie de la pièce que j'ai perdue.

En revenant de l'école

Le petit mille-pattes revient de l'école en pleurant et dit à sa maman :

– Tu sais maman, on m'a fait mal, on a marché sur une patte et je ne sais plus laquelle. Je ne sais compter que jusqu'à dix.

Entre amis

Mon pauvre ami, je viens de l'apprendre seulement. Et depuis quand êtes-vous ainsi veuf ?

– Depuis la mort de ma femme.

Une méchante erreur

Pendant que Mme Duval offre le thé à ses amies, entre sa petite qui lui dit :

– Maman, j'ai une puce dans le dos qui me pique

Mme Duval fort vexée, répond :

– Ma petite fille, c'est une erreur. Il n'y a pas de puces dans la maison.

Cinq minutes après, la petite fille revient en pleurnichant :

– Maman, j'ai mal, tu sais l'erreur me pique de plus en plus fort.

Moi aussi !

Le créancier. – Je viens vous présenter ma petite facture.

Le débiteur. – C'est dommage, je ne pourrai pas vous régler aujourd'hui. Repassez donc vendredi.

Le créancier. – Impossible, vendredi, je serai déjà parti en vacances.

Le débiteur. – Ah ! Moi aussi !

Avoir de l'instruction

Madame montre, à la bonne, la couche de poussière qui recouvre les meubles.

– Regardez... Je peux écrire dans la poussière !

La bonne. – Oh ! Madame, comme c'est beau d'avoir de l'instruction.

La nouvelle bonne

Madame donne ses instructions à sa nouvelle bonne :

– Écoutez-moi bien, le matin nous prenons notre petit déjeuner à huit heures très précises.

– Je vous remercie bien Madame, répond la servante, mais si des fois je ne suis pas encore descendue à cette heure-là, ne vous gênez pas, commencez sans moi.

Pauvre Médor

Un clochard n'avait qu'un chien. C'était son seul ami au monde.

Un jour, talonné par la faim, il se vit obliger de le tuer pour le manger. Après le repas, il regarda mélancoliquement les os qu'il avait soigneusement rangés sur le journal, et les larmes aux yeux, il murmura :

– Pauvre Médor !... Quel bon festin il aurait s'il était encore là !

De la danse

Une jeune danseuse, sur le quai d'une petite gare, attend l'arrivée du train. Pour tuer le temps, elle marche de long en large, tout en esquissant de temps à autre quelques pas de danse.

Une vielle dame l'observe attentivement depuis un moment, puis, s'approchant de la danseuse, elle lui dit à l'oreille :

– Ma petite, je vois que vous n'êtes pas du pays. Venez, je vais vous montrer où sont les toilettes !

Je ne pouvais pas

Maman, en colère, dit à son fils Lulu :

– Sais-tu ce que je viens d'apprendre, en faisant mes courses ?

Il paraît que ton petit frère a encore fait des bêtises. On m'a dit qu'il a attaché une casserole à la queue du chien du boulanger.

– Oh oui ! Maman, c'est vrai. Je l'ai vu.

– Comment ? Tu l'as vu et tu ne l'as pas empêché de faire cette bêtise ?

– J'pouvais pas, maman, puisque c'est moi qui tenais le chien.

AU GUICHET DE LA POSTE

Un monsieur cherche à remplir un mandat avec le porte-plume de la poste, mais en vain. D'un air moqueur, il dit à l'employé :

– Dites-moi, monsieur, est-ce avec ce porte-plume que Charles Quint a signé son abdication ?

– Je n'en sais rien, répond l'employé, car je ne suis ici que depuis huit jours.

MALENTENDU

Dans un petit patelin d'une région très retirée, on charge un habitant du lieu de remplir les fonctions de receveur des P.T.T.

– Ce n'est pas difficile, lui dit-on, et vous n'avez pratiquement rien à faire. Il vous suffira de vider la boîte à lettres et nous faire parvenir le courrier.

Trois mois se passent sans qu'une seule lettre

parvienne au centre. Un inspecteur se rend sur les lieux pour voir ce qui se passe.

– Ben quoi ! Dit le naïf receveur, la boîte n'est pleine qu'à moitié... !

Un télégramme

La bonne. – Madame, voici un télégramme qui annonce la mort de votre neveu.

Madame. – Naturellement, s'il envoie ce télégramme c'est qu'il a encore besoin d'argent pour payer son enterrement.

Ça n'a aucune importance

La bonne. – Mais, Marie, faites donc un peu attention, vous versez de la sauce sur le tapis.

Marie. – Oh ! Madame, ça n'a aucune importance, il y en a encore pas mal dans la cocotte.

La vérité

Un visiteur sonne à la porte et demande à voir le maître de la maison. La bonne lui répond :

– Monsieur n'est pas là, il vient de sortir.

– Ça ne fait rien, j'attendrai, répond le visiteur en prenant place sur un banc, devant la porte.

Au bout d'un moment, un petit garçon descend et dit :

– Ça ne vaut pas la peine d'attendre papa, parce qu'il ne rentrera pas.

– Ah ! C'est dommage, et pourquoi ne rentrera-t-il pas ?

– Ben ! C'est qu'il n'est pas sorti du tout.

À LA DOUANE

– Vous n'avez rien à déclarer ?

– Non, absolument rien.

– Vous n'avez pas non plus de devises ?

– Ah ! Si, j'en ai une : « L'union fait la force. »

LA BRAVE MAMAN

– Fais un bon dodo, mon chéri et si tu as soif, cette nuit, tu n'auras qu'à appeler ta maman et ton papa se lèvera pour te donner le biberon.

Chapitre 4

Avarice

Une belle récompense

Un écossais rencontre son ami et lui dit :

– Alors mon cher Mac, toutes mes félicitations. J'ai appris que tu avais hier trente ans de présence dans ta maison et que ton patron en est très fier. Il t'a certainement fait un superbe cadeau.

– Oh oui ! Tu pense, il a été très gentil.

– Alors, dis-moi ce qu'il t'a donné.

– Hé bien ! Il m'a dit qu'il m'accordait toute sa confiance.

Dans une ferme

Un Écossais va acheter dans une ferme vingt poules.

Arrivé chez lui, il s'aperçoit que le compte n'y est pas, il lui manque une poule. Il a beau compter et recompter, il n'a que dix-neuf poules. Fort en colère, il retourne à la ferme. Le fermier le voyant venir, lui dit :

– Il ne fallait pas vous déranger, je vous l'aurai apportée dans la soirée, votre poule qui manque.

L'autre, d'un ton menaçant, lui répond :

– Alors vous saviez que je n'avais que dix-neuf poules, vous êtes donc un voleur !

– Mais non mon ami, je ne suis pas un voleur, puisque j'allais vous l'apporter.

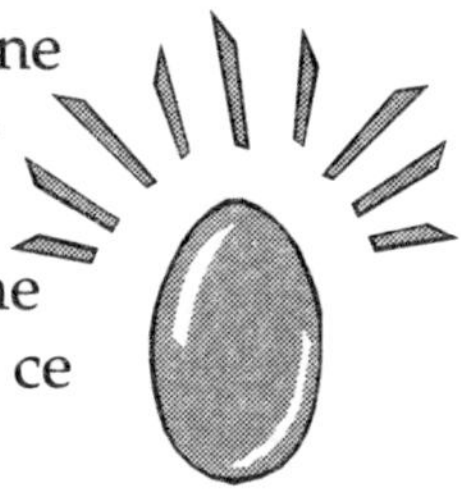

– Mais alors pourquoi ne me l'avez-vous pas donnée déjà ce matin ?

– Tout simplement parce que celle-là n'avait pas encore pondu son œuf de la journée.

LE NAUFRAGE

Deux écossais prennent le bateau pour aller faire fortune en Amérique. Au cours de la traversée, la tempête fait rage, le bateau commence par faire eau de toutes parts.

Voyant le danger, le plus jeune des deux écossais se met à pleurer et à gémir.

Son frère aîné, le prenant par les épaules, lui dit alors :

– Pourquoi pleurer comme ça ? Tu es complètement ridicule. Après tout, il n'est pas à nous, ce bateau.

TOUJOURS EN ÉCOSSE

Un homme est amené dans une clinique pour être opéré d'urgence. En jouant au golf, il a reçu une balle dans la bouche et l'a avalée.

– Bon ! Dit le chirurgien, on va l'extraire sans tarder.

Puis, apercevant un homme qui avait accompagné le patient, il demande si c'est un membre de la famille.

– Oh ! Non, lui répond l'interne, c'est le propriétaire de la balle. Il attend qu'on lui la rende.

QUESTION DE SALAIRES

Dans une entreprise écossaise, un employé vient trouver son patron et lui dit :

– Monsieur le Directeur, mon collègue Jack Douglas, d'après ce que je viens d'apprendre, gagne cinq livres de plus que moi par semaine et, pourtant nous occupons absolument le même poste. Je trouve que ce n'est pas juste.

– En effet, vous avez raison, mon ami, je vais réparer cette injustice. À partir d'aujourd'hui, votre collègue Douglas gagnera la même chose que vous.

Un bon truc

Un auvergnat a deux fils, deux jumeaux, qui se ressemblent parfaitement. Il veut les mettre au collège. En rentrant chez lui, sa femme lui dit :

– Alors, tu as fait leur inscription ?

– Non, pas encore, j'hésite car ça revient fort cher pour les deux.

– Il n'y a pas à hésiter, il faut absolument qu'ils fréquentent le collège comme les enfants de notre voisin.

– Bon ! Bon ! Alors j'ai trouvé une bonne solution. Paul ira au collège le matin et René l'après-midi. Ils n'y verront rien du tout et nous ne paierons que pour un seul.

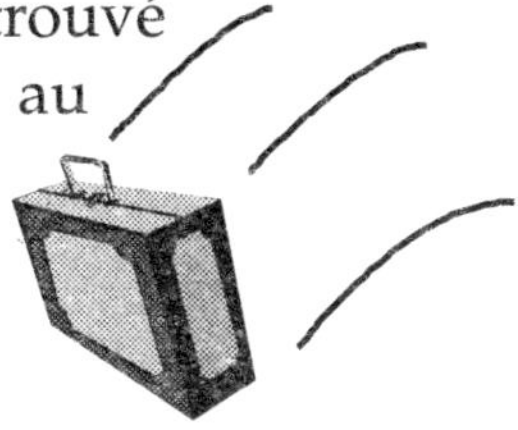

Un resquilleur

Une nouvelle fois, le contrôleur vient de surprendre le même voyageur qui cherche à resquiller. Naturellement, ça se passe en Écosse.

– Cette fois-ci, j'en ai assez. Puisque vous n'avez pas de billet, vous allez quitter le train à la prochaine station.

Ayant dit ces mots, le contrôleur, en colère, saisit la valise du fraudeur et la lance par la fenêtre.

– Malheureux ! S'écria alors le voyageur tout blême, savez-vous ce que vous venez de faire ? Vous avez tué mon petit garçon de quatre ans.

Naissance

Un écossais se rend à la mairie pour déclarer une naissance. – Je voudrais déclarer la naissance de mon fils.

– Très bien ! Comment s'appelle-t-il ?

– Mac.

– Il est né quand ?

– Hier.

– Bon, ça va très bien. Vous pouvez partir.

– Je vous dois combien ?

– Mais rien du tout, c'est gratuit.

– Même quand on a plusieurs enfants ?

– Mais, naturellement !

– Ah, bon ! Dans ce cas-là, pourquoi me gêner ? Alors je déclare aussi mon autre fils, car nous avons eu des jumeaux.

Chapitre 5

Au tribunal

Nuances

– Accusé Dugobelet, l'autre jour on vous a trouvé ivre mort sur la voie publique.

– Pardon, Monsieur le Président, c'est faux ; j'étais simplement pris de boisson…

– Bon, alors ça change tout. Je pensais vous condamner à un mois de prison, mais je me contenterai de ne vous donner que trente jours.

Un bon sujet

Le président à un récidiviste. – Je remarque avec satisfaction que pendant cinq ans vous n'avez subi aucune condamnation.

Le coupable. – Bien sûr ! J'étais en prison.

Une bonne réponse

Le président. – Dans quelles circonstances avez-vous commis votre crime ?

Le prévenu. – Dans des circonstances atténuantes, Monsieur le Président.

Un juge prévoyant

Un juge, après avoir condamner un voleur à cinq ans de prison, le prend à part et lui dit :

– Dites, mon ami, ne voudriez-vous pas me sous-louer votre bel appartement pendant votre absence ?

Chapitre

6

Marius et Olive

AU ZOO

Marius et Olive visitent ensemble le zoo. Tout à coup, Marius se tourne vers Olive et lui dit :

– Dis donc, Olive, si ce tigre-là s'échappait de sa cage, que ferais-tu ?

– Ce que je ferais ? Ben ! Je me cacherais.

– Et si le tigre, te voyant, venait vers toi ?

– Oh ! Alors ! je me sauverais.

– Et si le tigre te poursuivait ?

– Brrr... Euh ! Je monterais dans cet arbre.

– Mais suppose, Olive, que le tigre monte dans l'arbre, lui aussi ?

– Eh bien ! Alors je… Mais enfin ! Zut et zut, Marius ! Tu es mon copain ou tu es le copain du tigre.

UN VRAI CHASSEUR

Marius. – Tu sais Olive, je voudrais être à demain soir.

Olive. – Ah, et pourquoi donc ?

Marius. – Pour savoir lequel de nous deux aura tué le plus grand lièvre.

Olive. – Ne te casse pas la tête, car ça sera certainement moi.

Marius. – Peuchère ! Et pourquoi donc, mon bon ?

Olive. – Mais tout simplement parce que je sais mieux mentir que toi.

UN DROLE DE POISSON

Olive. – Dis donc, Marius, est-ce qu'un poisson mort peut encore grandir ?

Marius. – Mais tu es complètement fada, mon vieux, tu sais bien que non.

Olive. – Ah ! Je croyais. Tu m'avais dit que la rascasse que tu avais prise avant-hier mesurait soixante centimètres, et ce matin je t'ai entendu dire au café qu'elle avait un mètre.

TENDRESSE

Marius, venu voir Paris, monte à la Tour Eiffel. Ce qui l'amuse le plus c'est de voir, tout en bas dans les jardins, les gens se promener, pas plus gros que des fourmis.

Redescendu sur le plancher des vaches, il s'approche d'un vieillard et se jette à son cou. Suffoqué, ce dernier lui crie :

– Mais voyons, monsieur, vous faites erreur. Je ne vous connais pas.

– Hé non ! Lui répond Marius, vous ne me connaissez pas, je sais, mais moi je vous ai vu tout petit.

LONGÉVITÉ

Trois messieurs parlent de longévité.

Le premier, un parisien, dit :

– Dans ma famille, on vit très vieux. Mon grand-père est mort à cent cinq ans.

– Chez moi, continue le deuxième, un Gascon, on vit encore bien plus longtemps ; tenez, je viens de perdre ma grand-mère, elle avait cent huit ans.

– Peuh ! Répond le troisième, un marseillais, c'est certainement chez moi qu'on vit le plus longtemps, car jusqu'à maintenant personne n'est encore mort.

Chapitre 7

Chez les fous

Accroché à une branche

Dans la cour d'un asile, deux fous sont suspendus à une branche d'un pommier. À un moment donné, l'un deux se laisse tomber.

– Tu es fatigué ? Demande l'autre.

– Non, je suis mûr.

Visite d'un asile

Le directeur. – Vous voyez, cette salle est réservée aux passionnés de l'automobile.

Le visiteur. – Ah ! Mais comment se fait-il qu'elle soit vide ? Il n'y a personne en ce moment.

Le directeur. – Mais si, c'est plein ; seulement ils sont tous, sous leur lit, en train de réparer.

Au téléphone

Un fou téléphone à un autre fou :

– Allo ! Pardon, monsieur, je téléphone bien à CAL.75,38 ?

– Pas du tout, monsieur,

répond alors l'autre fou au bout du fil, vous faites erreur car je n'ai pas de téléphone.

UNE VRAIE PARTIE DE CHASSE

Quatre fous se sont échappés de l'asile. La voiture cellulaire part immédiatement pour les rechercher. Le directeur attend impatiemment le retour de la voiture ? Duand, enfin, il la voit revenir, il se précipite et demande :

– Alors, vous les avez rattrapés tous les quatre ?

– Tous les quatre ! Répond le gardien. Non ce n'est pas quatre, mais dix que nous avons pris.

LA PLUIE

Il pleut à torrent. Un homme complètement trempé pénètre chez un marchand de parapluies. Il achète un parapluie, il paye et dit en sortant :

– Vous le ferez livrer chez moi.

Chapitre

8

Chez nos amis les bêtes

Un malin singe

Un singe joue sur le rivage d'une île. Il ne voit pas le crocodile qui s'approche et le happe.

– Enfin ! Je te tiens, dit le crocodile, ça fait longtemps que je te guette. Je veux absolument manger ton cœur, car, il paraît que c'est excellent, un cœur de singe.

– Oh, oui ! Lui répond le singe, c'est un vrai régal. Seulement quel dommage pour toi que j'aie oublié le mien là-haut sur ce cocotier ! Si tu veux, je vais aller le chercher.

– Bon ! Je te laisse. Va vite me le chercher ; Mais dépêches-toi, car je n'aime pas attendre.

Le singe libéré de la gueule du crocodile, se sauve en vitesse et va se réfugier sur le cocotier.

Le crocodile ne le voyant pas revenir, lève la tête et crie :

– Alors, vilain singe, tu reviens avec ton cœur ?

Le malin singe détache une noix de coco et la lance sur le nez du crocodile en lui disant :

– Tiens, le voilà mon cœur, tu le trouveras sans doute un peu dur !

L'ARCHE DE NOÉ

Le jour où Noé fit entrer dans son arche les animaux, on faisait la queue, tellement il y en avait.

La puce se trouvait justement derrière l'éléphant en attendant son tour de pénétrer dans l'arche.

À un moment donné, l'éléphant énervé se retourna vers la puce et lui dit d'un air méchant :

– Alors ! Vous avez fini de pousser ?

UNE PETITE INFIRMITÉ

Un jeune chameau veut se marier. Il s'adresse à une agence matrimoniale. Là, on lui dit : « nous avons, pour vous, une jeune merle, bien sous tous les rapports. Elle a seulement une petite infirmité que nous devons honnêtement vous signaler. Alors, voilà, elle n'a pas de bosse ! »

Chez les kangourous

Deux mamans kangourous se rencontrent :

– Que pensez-vous, madame, j'ai l'impression que le temps va changer ?

– Oh, oui ! Et c'est ce qui m'inquiète, car je n'aime pas quand les enfants sont obligés de jouer à l'intérieur.

Chapitre

9

Au restaurant

UNE MOITIÉ

– Garçon, chez vous, c'est ça un demi poulet ?

– Mais oui, monsieur !

– Alors, bon ! Remportez-le et apportez-moi l'autre moitié.

UN BON MOTIF

– Charles, pourquoi ne viens-tu plus manger avec nous au même restaurant ?

– Parce que j'y ai oublié l'autre jour mon pardessus.

– Et alors, c'est pas une raison pour ne plus y venir.

– Mais si ! Tu comprends, j'ai emporté un autre pardessus bien plus neuf que le mien.

PROPRETÉ

– Garçon, dites-moi, est-ce qu'on change souvent de nappe, chez vous ?

– Je n'en sais rien. Je ne suis ici que depuis un mois.

Chapitre

10

Chez le docteur

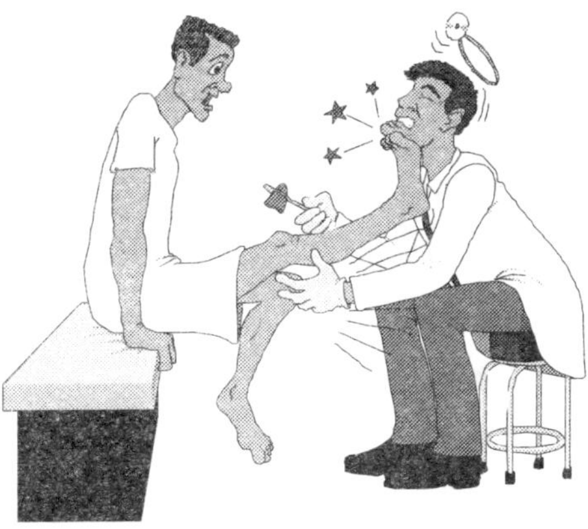

IL Y A BARBE ET BARBE

Dans la clinique un malade se fait opérer.

– N'ayez pas peur, dit le chirurgien au patient. Tenez, j'ai un truc infaillible pour vous donner confiance. Regardez toujours ma barbe, et tout ira bien.

Le malade alors s'endort, plein de confiance. Quand il se réveille, il aperçoit toujours la grande barbe blanche.

– Merci professeur, dit-il alors, vous savez je n'ai absolument rien senti ! Votre truc est formidable.

– Ne m'appelez pas professeur, fait la barbe blanche, car je suis Saint Pierre.

Entre confrères

Un médecin fort connu se sentit attiré par la peinture.

Un de ses confrères lui dit alors :

– Qu'est-ce que je viens d'apprendre ? Vous faites maintenant des tableaux ?

– Oh ! Vous savez, juste pour tuer le temps !

– Tiens ! Tiens... Mais vous n'avez donc plus assez de clients ?

Réveil

Un infirmier entre dans la chambre d'un malade qui doit être opéré dans quelques instants. Ce malade est profondément endormi. L'infirmier s'approche alors de son lit. Tout doucement, il secoue le malade et lui dit à l'oreille.

– Réveillez-vous, parce qu'on va vous endormir.

Espérons le meilleur

Le malade. – Docteur, je souffre beaucoup de la tête. Qu'en pensez-vous ?

Le docteur. – Je pense que l'amputation de la tête ne sera, sans doute, pas nécessaire.

Pauvre langue

– Madame, vous pouvez rentrer chez vous sans inquiétude ; Vous n'avez rien de grave. Vous n'avez besoin que de repos.

– Mais docteur ! Regardez bien ma langue.

– Inutile, votre langue aussi a besoin de repos.

Un mal bizarre

Un homme se rend chez le médecin. Il se plaint de maux dans les épaules.

– Enlevez votre veste, lui dit le docteur, avant de l'ausculter.

– C'est drôle, je me sens déjà mieux.

– Mais naturellement, c'est que le portemanteau que vous avez oublié dans votre veste, ne vous gêne plus.

Affolement

Une femme au téléphone :

– Docteur, venez vite ! C'est affreux. Figurez-vous que nous avons un presse-purée !...

– Et alors ! En quoi ça me regarde.

– Venez vite ! Mon petit garçon a avalé le gros boulon de ce presse-purée. Le docteur met son pardessus et s'apprête à partir. Au moment d'ouvrir la porte, il entend le téléphone qui sonne à nouveau.

– C'est encore moi, docteur !... C'est pour vous dire de ne pas vous déranger. Nous avons réfléchi. Tant pis !... Pour une fois, on fera des frites.

UN CURIEUX MALADE

– Docteur, je mange comme un bœuf, je travaille comme un chien, je suis fatigué comme un vieux cheval et j'engraisse comme un porc… Que me conseillez-vous ?

– D'aller consulter un vétérinaire.

Chapitre

11

Histoires diverses

En train

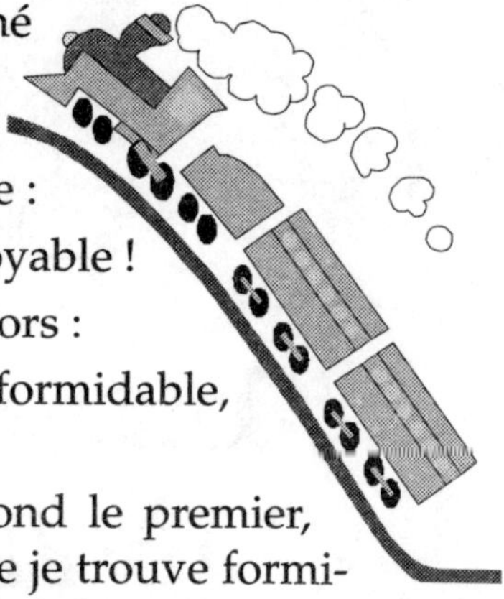

Un voyageur, penché à la fenêtre d'un train de montagne, pour la troisième fois s'exclame :

– Formidable, incroyable !

Son voisin lui dit alors :

– Vous le trouver si formidable, le paysage ?

– Pas du tout, répond le premier, c'est pas le paysage que je trouve formidable, mais le coup d'œil du mécanicien quand il vise les tunnels.

Les jumeaux

En rentrant de l'école, Paul dit fièrement à son papa :

– Tu sais, j'ai congé demain. J'ai dit au maître que j'avais un petit frère.

– Comment ? Un petit frère, répond son père, tu sais bien que tu viens d'en avoir deux.

– Mais bien sûr, seulement je suis malin ; je garde le deuxième pour la semaine prochaine.

À LA PÊCHE

Un pêcheur surveille sa ligne au bord de la rivière. Le garde arrive et lui dit :

– Alors, vous ne voyez donc pas qu'il est interdit de pêcher ?

– Mais je ne pêche pas, j'apprends à nager à mon ver de terre.

SUR LE BANC

Dans un jardin public, un clochard regarde un peintre en train de recouvrir un banc d'une belle couche de couleur verte ; au bout d'un moment, il lui demande :

– Votre peinture, sera-t-elle sèche pour neuf heures ce soir ?

– Ah ! Et pourquoi ?

– Parce que je suis fatigué aujourd'hui et j'ai l'intention de me coucher tôt.

CHEZ LE MÉDECIN

Après avoir été ausculté, un client dit à son médecin :

– N'est-ce pas, docteur, c'est très grave ? Dites-moi la vérité. Je crois que je suis perdu.

– C'est très grave, c'est vrai, mais vous guérirez, les statistiques sont formelles : un pour cent des malades dans votre cas est sauvé.

– Mais qui vous dit que se sera justement moi ?

– Hé bien, les statistiques ! Vous êtes le centième que je soigne et jusqu'ici, je n'en ai guéri encore aucun.

Sur la plage

Un monsieur. – Madame, je crois que c'est votre fils qui met du sable dans ma veste.

La dame. – Oh ! Non monsieur, c'est mon neveu. Mon fils, c'est celui qui met de l'eau dans votre chapeau.

Une vraie surprise

Un père de famille achète un cadeau de Noël pour son fils. En enveloppant le stylo, le libraire lui dit :

– Il va être content votre fils ; c'est un cadeau surprise, n'est-ce pas ?

Le père. – Certainement, parce que mon fils s'attend à recevoir une bicyclette.

Il fallait le dire

Un représentant de commerce s'adresse à un petit garçon assis devant la porte d'une maison :

– Bonjour, mon petit garçon ! Ton papa est-il à la maison ?

– Oui, monsieur.

Le représentant sonne à la porte, mais personne ne répond. Il sonne encore, inutilement.

– Dis donc, mon petit gars, tu m'as dit un mensonge. Ton papa n'est pas chez lui.

– Mais si, il est chez lui, mon papa. J'habite la maison d'en face.

Une dette

Pierre. – Tu sais, c'est la dernière fois que je te demande de me rendre les cent francs que le t'ai prêtés.

Paul. – Tant mieux ! Comme ça, je n'en entendrai plus parler.

CHEZ LE COIFFEUR DE CAMPAGNE

Un parisien, pendant ses vacances, va se faire raser par le coiffeur d'un petit patelin. Une fois installé dans le fauteuil, notre parisien, fort étonné, voit le coiffeur prendre un bol, dans lequel il crache abondamment pour faire mousser le savon.

– Mais c'est dégoûtant ce que vous faites-là, s'écrie le parisien. Vous faites ça pour tout le monde ?

– Oh non ! Pensez-vous. Je le fais pour vous parce que vous n'êtes pas du pays. À ceux du patelin, je crache directement sur la figure.

IL VA UN PEU FORT

Paul en rentrant de l'école :

– Papa, mon nouveau voisin à l'école prétend qu'il a encore son arrière-arrière-arrière-grand-père.

– Ne le crois surtout pas. Ton petit voisin est un menteur.

– Pas du tout, c'est qu'il bégaye !

Quel temps

– Mon dieu, quel temps ! Et ma femme qui n'a pas son parapluie !

– Ne t'en fais pas, elle ira se réfugier dans un magasin.

– Mais c'est justement ça qui m'inquiète.

Ah, ce chien !

– Monsieur, savez-vous que votre chien aboie toute la nuit ?

– Oh ! Ça n'a pas d'importance, il dort toute la journée.

Il faut persévérer

Le directeur d'un grand magasin reçoit un représentant en lui disant fièrement :

– Vous avez de la chance, mon ami, d'être reçu, parce que c'est rare que je reçoive les représentants. Vous êtes le sixième qui se présente aujourd'hui et aussi le seul à être reçu.

– Je sais, monsieur, car j'étais aussi les cinq autres.

Un beau rêve

Après le repas, il reste une belle tartelette sur la table. Lulu et Bibiche la regardent. Chacun d'eux voudrait la manger. Maman leur dit alors :

– Vous avez assez mangé ce soir, allez dormir et celui qui aura fait le plus beau rêve cette nuit recevra la tartelette demain matin.

Le lendemain matin, Bibiche raconte son rêve :

– J'ai rêvé que j'étais morte et que je suis arrivée au paradis. Saint-Pierre m'a félicitée et m'a dit que j'étais la fille la plus sage du monde.

– Et moi, dit Lulu, j'ai fait le même rêve que toi et je me suis dit que certainement tu te plaisais tellement au Ciel que tu ne reviendrais plus. Alors, je me suis levé et j'ai mangé la tartelette.

Le progrès

Un parisien, en vacances, est fort étonné de voir toutes les vaches couchées sur le dos, les quatre pattes en l'air. Il s'adresse au fermier et lui dit :

– Il n'y a rien d'étonnant à ça ; c'est seulement depuis qu'on a plus de train qui passe.

– Ah ! Comment expliquer leur comportement ?

– Ben ! C'est pourtant pas bien malin. Vous n'avez pas vu qu'on a installé un aérodrome tout près.

UN ÉLÈVE ASSIDU

Depuis deux ans, un garçon de province est à Paris pour suivre des cours de Droit. Un jour ses parents viennent lui rendre visite et lui demandent de leur montrer les monuments de la ville.

Ils visitent beaucoup de monuments et le soir, les voilà devant un grand édifice.

– Et ça, qu'est-ce que c'est ? Demande le père.

– Ma foi, je n'en sait rien ; mais, tiens voilà un agent, nous allons lui demander.

– Pardon, monsieur l'Agent, qu'est-ce que c'est que ce grand et bel édifice ?

– Ici, mais vous voyez bien que c'est la faculté de droit.

Un beau rêve

Une femme réveille son mari pour lui dire :

– Tu sais, mon chéri, je viens de faire un beau rêve. J'ai rêvé que tu m'achetais un joli costume tout neuf.

– Ah ! Mais c'est magnifique ! Tu vois comme je suis généreux. Alors, ton beau costume, mets-le et laisse-moi dormir.

Un crime

Dans une maison aux minces cloisons, une jeune fille joue du piano depuis une heure. Tout à coup, on sonne à la porte. Elle va ouvrir et se trouve en face de deux policiers.

– Que voulez-vous ?

– Laissez-nous passer, c'est une perquisition.

– Que dites-vous ?

– Parfaitement ! On vient de nous téléphoner qu'on assassine chez vous un certain monsieur Chopin.

Un malin

Six personnes sont assises dans un compartiment d'un omnibus. Les uns après les autres font une grimace et se bouchent de temps à autre le nez. Dans le porte-bagages doit se trouver certainement un colis de fromage bien fait. Aucun n'ose demander à qui il appartient. La politesse avant tout, et pourtant la mauvaise odeur devient de plus en plus intenable.

Mais voici qu'à un arrêt, un homme entre dans ce compartiment, prend le colis de fromage et dit :

Excusez-moi, messieurs d'avoir mis ce paquet chez vous, mais vous savez je ne supporte pas l'odeur du fromage et ma femme non plus.

Au concert

Un monsieur et sa femme vont assister à un concert symphonique. À un certain moment, la femme pousse son mari du coude pour lui dire :

– Tiens ! Regarde, tu vois la dame, là-bas, en train de dormir ?

– Et c'est pour ça que tu me réveilles, ronchonna alors son mari.

Un mari formidable

– J'ai un mari modèle, dit une femme à sa voisine. Jamais il ne boit.

– Vous en avez de la chance ! Et il ne fume pas non plus ?

– Oh non ! Juste un cigare quand il a bien mangé à la maison, mais ça arrive à peine une fois par an.

Une bonne réponse

– Tiens ! Bonjour Charles, comment vas-tu ? Tu ne pourrais pas me prêter mille francs ?

– Non, je regrette, je n'ai pas d'argent sur moi.

– Et chez toi ?

– Chez moi, tout le monde va bien ; je te remercie. Au revoir et à une autre fois.

Une bonne résolution

Deux naufragés sont accrochés à une planche depuis deux jours. L'un d'eux n'en pouvant plus, se met à prier et dit :

– Mon Dieu, je reconnais n'avoir été toute ma vie qu'un affreux ivrogne, mais si tu me sauves, je te jure sur ce que j'ai de plus sacré, que jamais je ne...

À ce moment précis, son compagnon se met à crier :

– Arrête ! Ne va pas plus loin, voici un bateau en vue !

Peine inutile

– Je vous vois toute la journée à votre bureau.

– Oui, je suis écrivain.

– Ah ! Et qu'est-ce que vous écrivez ?

– Un roman.

– Un roman ! Je trouve ça comique. Pourquoi vous donner tant de peine puisqu'on en trouve dans toutes les librairies et même des pas chers.

Du tac au tac

Un monsieur attend l'autobus. Le voyant arriver, il veut faire de l'esprit, et dit :

– Alors, cette arche de Noé, est-elle déjà pleine ?

On entend alors une voix de femme, à l'intérieur :

– Oui, dépêchez-vous ; il ne manque plus que l'âne.

De bonnes blagues

– Alors, Auguste, pourquoi ne ris-tu pas quand Charles raconte des blagues ? Elles sont pourtant très drôles.

– Oui, je sais ; mais je me suis fâché avec lui, je ne ris qu'à la maison, lorsque je les raconte à ma femme.

Quand il y a un changement

Un paysan des environs de Colmar rencontre un copain. Ce dernier est assis sur un cheval et tient un autre par la bride.

– Tiens ! Qu'est-ce qui ce passe ? Tu vas maintenant en ville à cheval ? Tu ne prends donc plus le tram ?

– Ben non ! Tu comprends, avec toutes ces augmentations, ça commence par faire cher.

– C'est vrai, tu as raison, après tout, mais pourquoi prends-tu les deux chevaux ?

– Mais tu sais bien qu'il faut changer, place de la Mairie.

Le gros lot

– Toi qui est toujours chômeur, que ferais-tu si tu gagnais le gros lot ?

– D'abord, mon vieux, tu sais, je commencerais par ne plus rien faire...

Feux verts

Deux abbés, sur un scooter, remontent un très long boulevard. Chose curieuse, chaque fois qu'ils arrivent devant un feu rouge, celui-ci passe immédiatement au vert.

Au loin, un agent a remarqué la chose. Aussi, dés que les deux abbés arrivent à sa hauteur, il met le feu rouge. Surprise, ce feu revient aussitôt au vert. L'agent alors siffle. Le scooter s'arrête.

– Vous deux là, pouvez-vous m'expliquer comment ça se fait que les feux rouges passent au vert dès que vous arrivez ?

– Monsieur l'Agent, c'est très simple. Nous sommes pressés et nous avons le bon Dieu avec nous.

– Ah ! Bon ! Alors, ça fait que vous êtes trois sur un scooter. Vous savez ce que cela veut dire, aussi je dresse une contravention.

Il ne faut pas mentir

Pendant ses vacances, une dame va jeter un coup d'œil de curiosité dans le casino. Elle regarde tous ces gens assis autour d'une table.

– Comment fait-on pour jouer ? Dit-elle à un garçon

– C'est très simple. Vous mettez vos jetons sur l'un de ces numéros. S'il sort, vous touchez trente-six fois la mise.

– C'est merveilleux ! Mais quel chiffre faut-il choisir ?

– Je n'en sais rien, moi ! Tenez, mettez, par exemple, les chiffres de votre âge.

La dame qui a trente-six ans, réfléchit un peu, puis, souriante, met tous ses jetons sur le nombre vingt-huit. La roue tourne, c'est le trente-six qui sort et la dame s'évanouit en poussant un léger cri.

En Afrique

Un missionnaire vient de convertir un noir au christianisme. Il le trempe dans l'eau pour le baptiser, en lui disant :

– À partir de maintenant, tu ne t'appelles plus Zumbala, mais Joseph, et les vendredis tu ne mangeras plus de viande.

– Alors, moi Joseph, plus rien manger ?

– Si, tu as le droit de manger du poisson.

Le vendredi suivant, le missionnaire passe devant la hutte de Joseph et l'aperçoit en train de manger un gigot de mouton.

– Je t'avais pourtant défendu de manger de la viande le vendredi.

– Pourquoi toi me gronder ? Moi, avoir fait comme toi. Moi avoir trempé mouton dans l'eau et lui avoir dit :

– Toi, maintenant plus appelé mouton, toi appelé poisson !

Le mensonge

Un brave curé de campagne, après son sermon, dit à ses fidèles :

– Dimanche prochain, je vous parlerai du mensonge mais pour que mon sermon ne soit pas trop long, je vous demande de vous y préparer en lisant soigneusement le chapitre XVIII de l'Évangile selon Saint-Marc, traitant du mensonge.

Le dimanche suivant, le curé demande :

– Qui a lu le chapitre XVIII, comme je vous l'avais demandé ?

Tous les fidèles lèvent la main, sans aucune exception.

Le curé conclut alors en disant :

– Bon ! Je vois que vous avez besoin d'un long sermon sur le mensonge, car je dois vous dire que l'Évangile selon Saint-Marc n'a que XVI chapitres.

Projets d'avenir

Un journaliste à un centenaire qui vient de gagner le gros lot :

– Et qu'allez-vous en faire de tout cet argent ?

– Je vais le mettre de côté pour mes vieux jours.

Un courageux

– Pourquoi travaillez-vous toute la nuit ?

– C'est pour mettre mon travail à jour.

Réponse pleine d'esprit

– Qu'est-ce que vous faites en ce moment, Marie ?

– Madame, je suis en train de monter des cendres...

– Parfait ! quand vous aurez fini de monter des cendres, vous descendrez mon thé...

Un autre homme

Le médecin. – C'est formidable ! Vous êtes un tout autre homme depuis que je vous soigne.

Le patient. – C'est vrai, docteur... Aussi soyez assez aimable de faire envoyer votre note à l'autre homme.

Gourmandise

– Lili, tu as touché à la confiture, comme punition tu n'en auras pas au dessert.

– Mon petit frère non plus, car j'ai tout mangé.

Au théatre

Derrière une dame coiffée d'un chapeau énorme, un homme se mit en colère en disant :

– C'est tout de même vexant de payer cinq francs pour voir la pièce et de ne rien voir à cause de ce maudit chapeau.

La dame, en entendant ces mots, se retourne et répond :

– Et moi, monsieur, j'ai payé vingt francs mon chapeau et c'est pour le faire voir !

Les belles annonces

Paru dans un journal :

– À vendre très bon marché une collection d'albums Tintin de mon fils. Prière de téléphoner à OLM. 59-63, à Paris. Dans le cas où le jeune garçon répond au téléphone, prière de raccrocher et de rappeler plus tard.

– Récompense à qui retrouvera et ramènera le chien du préfet qui a les oreilles coupées. Pauvre préfet !

CURIOSITÉS DE NOTRE LANGUE

– Lorsqu'on a quelqu'un « dans le nez », c'est qu'on ne peut plus le « sentir », mais à partir de ce moment-là, on l'aura « à l'œil ».

***

– Un désespéré veut se pendre. J'arrive à temps pour le décrocher. Je lui fais alors la morale en lui disant :

– C'est mal ce que tu voulais faire, rentre chez toi et repens-toi.

***

Devant le guichet d'une gare :

– Donnez-moi une « première ».

– Une seconde, répond l'employé.

– Mais non, une « première ».

– J'ai bien compris, mais attendez une « seconde ».

***

– Une jeune fille assiste à une conférence, en

compagnie de son fiancé. En rentrant le soir, elle dit à sa mère :

– Mon futur était présent.

***

– Le « singulier » peut-il être au « pluriel » ? Mais bien sûr, puisqu'on dit : « J'ai assisté à des combats singuliers ». Comme c'est drôle !

– Les notaires ne sont pas des gens logiques. Ils appellent « feu » un homme qui s'est « éteint ».

– Un horloger a « descendu » une horloge du troisième étage pour aller la « remonter » dans son atelier, au sous-sol.

***

– Pour avoir de l'autorité en classe, un instituteur doit y aller « rondement » avec ses élèves, en leur parlant « carrément ».

***

– Un accidenté vient d'être amputé de ses deux jambes. Le médecin, en revenant le voir le lendemain, lui dit :

– Du courage, mon brave,

dans deux mois, vous serez de nouveau « sur pied ».

***

– C'est bizarre ! Un enfant qui « rapporte » est puni, mais un chien qui « rapporte » reçoit un sucre comme récompense.

***

– Avant de « monter » dans sa chambre qu'on a louée, il faut d'abord « descendre » à l'hôtel.

***

– En été, pendant les vacances, quand il fait bien chaud, on aime recevoir des nouvelles « fraîches », mais on n'aime pas s'asseoir à côté d'un homme qui « porte ombrage ». On aime également se regarder dans une « armoire à glace » et on se conduit bien pour ne pas être mis « à l'ombre ».

***

– Mon oncle est allé faire une cure à « Pau » pour soigner sa maladie du « foie » ; Quant à ma tante, elle est allée à « Foix » pour soigner sa maladie de « peau ».

***

– Lorsqu'un fermier « baptise » son lait, on trouve ça pas très « catholique ».

***

– Ne trouvez-vous pas drôle qu'un bruit « transpire » avant d'avoir « couru » ?

***

– Lorsqu'on « donne » sa parole, il faut la « tenir » ; mais pour la " tenir ", il faut la « garder », c'est bien compliqué.

***

– Les boulangers ne sont pas logiques. Quand on leur demande du pain « frais », il vous donnent du pain « tout chaud ».

***

– Pour avoir une cave bien montée, il faut commencer par y descendre.

***

– Comme c'est bizarre, quand on est dans une vilaine situation, on dit qu'on est dans de beaux draps.

***

– Quand il n'y a plus de pain sur la planche, on est vraiment dans le pétrin.

– On tire le diable par la queue quand on l'a dans la bourse.

***

– Un maître disait à ses élèves : « Attention ! Je vous préviens, le « premier » qui sera le « dernier » aura cent lignes à faire ». Et pendant une leçon de lecture : « Là-bas, dans le dernier banc, j'entends un qui ne dit rien ».

– Je vous assure que c'est vrai ! Oui, mon « père est maire de Mamers et mon frère est masseur ».

***

– Un père désespéré, en parlant de son vilain fils, disait : – Ce « bon à rien », je le sais « capable de tout ».

***

– Un infirmier, en parlant d'un pauvre diable à qui on venait de couper « les deux bras », disait : « Ah ! Le pauvre, il ne pourra plus travailler, il sera obligé de « tendre la main ». Lorsque le malheureux quitta l'hôpital, le même infirmier lui dit : – ne vous laissez pas aller au découragement ; prenez votre courage « à deux mains ».

***

– C'est curieux, lorsque le commerce « marche » on dit qu'il est « bien assis », mais lorsqu'il « s'en va », on prétend qu'il ne « marche pas ».

***

– On dit d'un homme « borné » que sa bêtise est sans « limites ».

***

– Quand il fait un temps de « chien », on dit qu'on ne voit pas un « chat » dehors.

***

– On lit fréquemment : « La police a fait une « descente » chez un individu qui habite « au cinquième étage ».

***

– Nous « ne goûtons pas » les plaisanteries et pourtant nous les trouvons « mauvaises ».

***

– Pour avoir de l'argent « devant soi », il faut évidemment en mettre « de côté », et alors les intérêts « courent » parce qu'ils « s'accumulent ». Mais lorsque quelqu'un est ruiné et n'a plus le moindre sou, on dit de lui : « Ah ! Il est « dans de beaux draps ! »

Quelques perles de cancres

Histoire. – Pendant la campagne d'Italie, Napoléon est resté cinq mois sur le pot (Pô).

Catéchisme. – Récitant le « Je crois en Dieu », un élève dit : « Je crois en Dieu... a été crucifié... est mort sur la croix et est descendu à Denfert. »

Histoire. – François Ier rentra en France pressé par ses besoins.

Histoire. – On fit à César Auguste des funérailles à toutes pompes.

Histoire. – La louve romaine allaita Rémus et Cubitus.

Histoire. – L'empereur romain jeta négligemment son pagne sur son épaule.

Histoire. – La graisse (Grèce) s'est mise à fondre sur les Turcs.

Sommaire

Achevé d'imprimer par Corlet, Imprimeur, S.A. - 14110 Condé-sur-Noireau (France)
N° d'Imprimeur : 48944 - Dépôt légal : juin 2000 - *Imprimé en U.E.*